# LES GÂTEAUX

les ateliers Thermomix®

# LES GÂTEAUX

Chères clientes, chers clients,

Qui n'a jamais rêvé d'un gâteau inoubliable pour son anniversaire ? Grâce aux 15 recettes de ce nouveau carnet "Ateliers Thermomix®", réalisez des gâteaux de rêve pour ravir vos proches : de la tarte aux fruits au naked cake, du coloré rainbow cake à la fameuse "mare aux cochons", il y en a pour tous les gourmands, petits et grands !

Grâce à ces pages agrémentées d'astuces et illustrées de nombreuses photos étapes pour vous guider lors du montage ou de la finition, sublimer un glaçage ou peaufiner la décoration de vos gâteaux les plus simples n'auront bientôt plus de secrets pour vous.

Grâce à votre Thermomix®, pâtisser à la maison devient un jeu d'enfant ! Que la fête commence !

Sophie HANON-JAURE
Directrice Marketing Thermomix® France

# SOMMAIRE thématique

**4** Tarte aux fruits

**8** Cake au citron
Glaçage au chocolat blanc ................ 9
Glaçage neutre .................................. 9
Glaçage à la glace royale .................. 9
Trucs et astuces - Décors ............... 10

**12** Biscuit roulé à la fraise
Crème mousseline à la pistache ...... 15
Crème chiboust ............................. 15
Ganache montée au citron ............... 15

**16** Gâteau chocolat-orange
Trucs et astuces
Décors en chocolat .......................... 20

**22** Gâteau mangue-Passion et meringues
Meringue française .......................... 25
Meringue suisse .............................. 25
Meringue italienne ........................... 25

**26** Paris-Brest revisité

**30** Cheesecake zebra

**32** Naked cake

**36** Bavarois à la cerise

**40** Gâteau gourmand au citron vert
Trucs et astuces
Décors en pâte à sucre .................... 42
Meringues ....................................... 44

## Spécial ENFANTS

**48** Mare aux cochons
Trucs et astuces
Décors en pâte d'amande ................ 50

**52** Rainbow cake

**56** Gâteau mouton

**58** Gâteau poisson

**60** Gâteau chenille

# TARTE AUX FRUITS

Temps total : **3 h** - Préparation : **30 min** - Thermomix : **10 min**

Valeurs nutritionnelles pour 1 part : valeur énergétique 1988 kJ et 478 kcal - Protides 6 g - Glucides 39 g - Lipides 30 g

### Pour 8 parts

**La pâte à sablé breton**
- 70 g de sucre en poudre
- 180 g de beurre, coupé en morceaux
- 1 pincée de sel
- 160 g de farine de blé
- 40 g de chocolat blanc, détaillé en morceaux

**La crème légère à la rose**
- 2 feuilles de gélatine alimentaire (1,9 g/feuille) et un récipient d'eau froide
- 200 g de lait
- 25 g de fécule de maïs
- 2 œufs
- 40 g de sucre en poudre
- 30 g d'eau de rose
- 200 g de crème liquide 35 % m.g., très froide

**Le montage**
- 300 g de fruits rouges variés frais

**Ustensile(s) :** papier cuisson, rouleau à pâtisserie, plaque à pâtisserie, cercle à pâtisserie (Ø 20 cm), pinceau de cuisine

### La pâte à sablé breton

**1.** Mettre le sucre dans le bol et mixer **10 sec/vitesse 10**. Racler les parois du bol à l'aide de la spatule.

**2.** Ajouter le beurre, le sel et la farine, puis mélanger **40 sec/vitesse 4**. Transvaser la pâte sur une feuille de papier cuisson, puis poser une deuxième feuille dessus. Abaisser la pâte au rouleau sur une épaisseur de 0,5 cm environ, puis la transvaser, avec le papier, sur une plaque à pâtisserie. Retirer alors la feuille du dessus et poser un cercle à pâtisserie (Ø 20 cm) sur la pâte. En couper l'excédent pour obtenir un cercle régulier. Réserver la pâte au réfrigérateur, avec le cercle à pâtisserie, pendant 20 minutes.

**3.** Préchauffer le four à 180 °C (Th. 6).

**4.** Sortir la plaque du réfrigérateur, puis enfourner et cuire 10 minutes à 180 °C. À la sortie du four, laisser tiédir avant de décercler. Faire fondre le chocolat blanc quelques secondes au micro-ondes ou au bain-marie, puis en badigeonner la surface du sablé à l'aide d'un pinceau de cuisine.

### La crème légère à la rose

**5.** Mettre les feuilles de gélatine à ramollir dans un récipient d'eau froide.

**6.** Mettre le lait, la fécule de maïs, les œufs, le sucre et l'eau de rose dans le bol, puis cuire **7 min/98 °C/vitesse 4**.

**7.** Ajouter la gélatine soigneusement égouttée et mélanger **10 sec/vitesse 4**. Transvaser dans un récipient et réserver jusqu'à complet refroidissement (1 heure env.). Nettoyer et essuyer soigneusement le bol.

**8. Insérer le fouet.** Mettre la crème liquide dans le bol et fouetter **1-3 min/vitesse 3**, jusqu'à l'obtention d'une crème fouettée. **Retirer le fouet.** Ajouter la crème fouettée à la crème pâtissière à la rose, puis mélanger délicatement à l'aide de la spatule. Réserver au réfrigérateur pendant 30 minutes environ.

Suite page suivante ▶

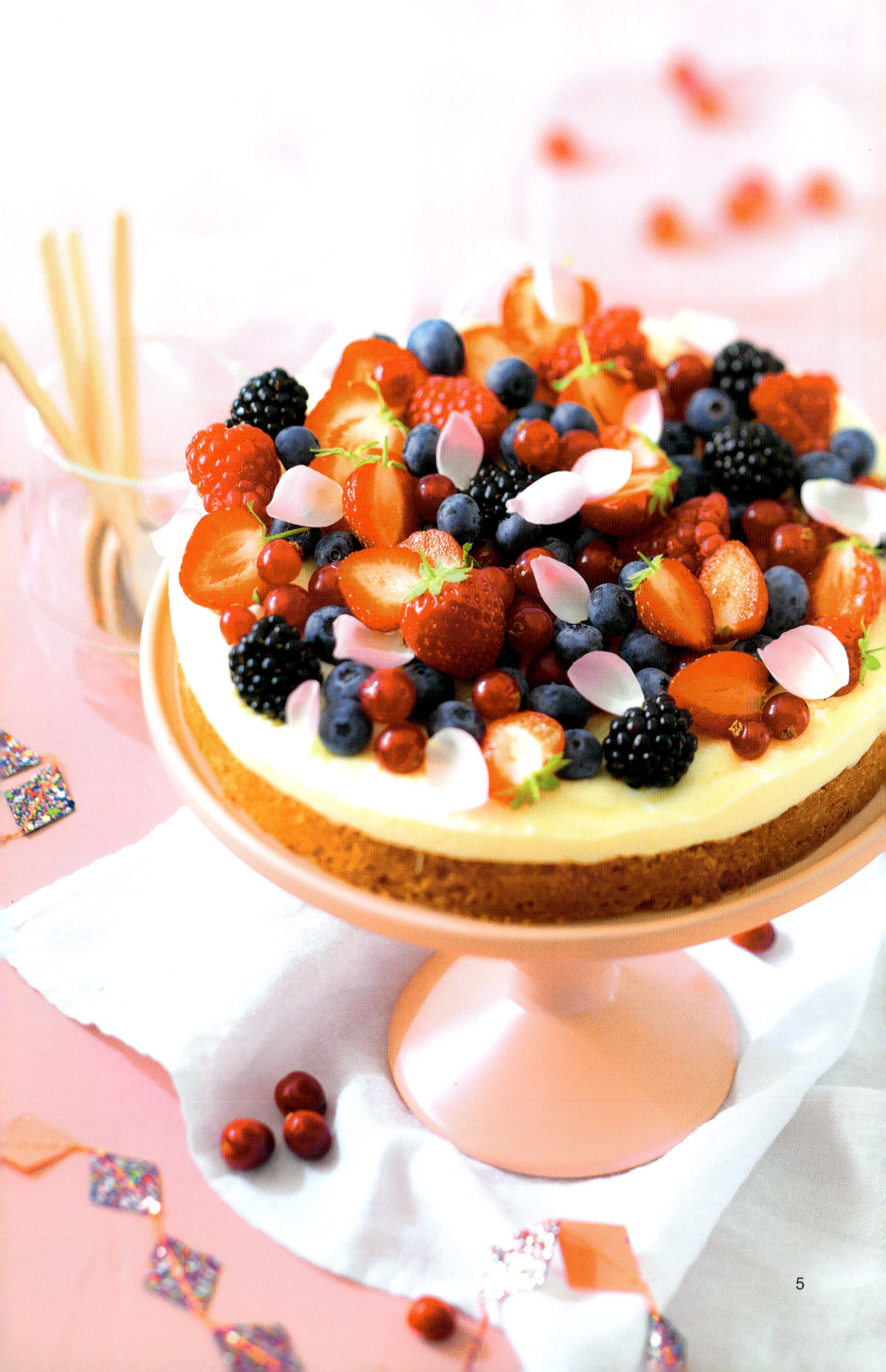

**Le montage**

**9.** Poser le biscuit sur un plat de service, puis le napper de crème à la rose. Répartir ensuite harmonieusement les fruits rouges sur la crème. Servir sans tarder ou réserver au réfrigérateur jusqu'au moment de servir.

### Conseil(s)

*Pour un rendu plus gourmand, lustrez votre tarte pour y apporter une belle finition brillante (photo étape 4). Pour cela, plusieurs techniques :*

*∗ L'une des plus simples consiste à faire fondre un peu de confiture ou de gelée et d'en napper la tarte refroidie à l'aide d'un pinceau de cuisine en insistant sur le relief des fruits. La confiture d'abricots est parfaite pour un rendu neutre. N'hésitez pas toutefois à adapter le parfum du nappage à la garniture de la tarte.*

*∗ Pour un glaçage au sirop de sucre, faites chauffer sur feu doux la même quantité de sucre et d'eau. Veillez à ce que le sirop ne caramélise pas mais reste translucide et légèrement collant. Nappez ensuite la surface de la tarte refroidie de ce sirop que vous pouvez par ailleurs aromatiser selon vos envies.*

## Montage à l'envers

# EN ÉTAPES 4

**Réalisez un montage à l'envers**

1. Filmez le fond d'un cercle à pâtisserie (Ø 20 cm), puis posez-le dans un plat. Répartissez les fruits rouges au fond du cercle.

2. Couvrez de crème à la rose.

3. Terminez par le biscuit sablé, en prenant soin d'appliquer la face badigeonnée de chocolat blanc sur la crème. Réservez au réfrigérateur pendant 2 heures environ. Retournez la tarte sur un plat de service et décerclez délicatement.

4. Lustrez éventuellement la surface de la tarte refroidie et réservez au frais jusqu'au moment de servir.

# Cake au citron

Temps total : 50 min - Préparation : 5 min - Thermomix : 5 min

Valeurs nutritionnelles pour 1 part : valeur énergétique 1261 kJ et 300 kcal - Protides 5 g - Glucides 47 g - Lipides 9 g

**Pour 12 parts**
- 100 g de beurre fondu, et un peu pour le moule
- 275 g de farine de blé, et un peu pour le moule
- 1 citron jaune (zeste et jus)
- 350 g de sucre en poudre
- 5 œufs
- 2 c. à café de levure chimique
- 20 g de limoncello

**Ustensile(s) :** moule à cake

**1.** Préchauffer le four à 180 °C (Th. 6). Beurrer et fariner un moule à cake, puis réserver.

**2.** Zester et presser un citron jaune. Réserver le jus. Mettre le zeste dans le bol, ajouter le sucre, puis mixer **20 sec/vitesse 10**. Racler les parois du bol à l'aide de la spatule.

**3.** Ajouter les œufs et mélanger **20 sec/vitesse 6**.

**4.** Ajouter la farine, la levure chimique, le beurre, le jus du citron et le limoncello, puis mélanger **40 sec/vitesse 6**. Transvaser la pâte dans le moule préparé, puis enfourner et cuire 40 minutes à 180 °C. Laisser tiédir avant de démouler. Servir froid, éventuellement nappé du glaçage de votre choix et décoré de rondelles de citron confit ou de décors en sucre.

Voir astuces déco pages 10 et 43 ▶

# Les GLAÇAGES...

## Glaçage NEUTRE

250 g de sucre en poudre • 12 g de pectine de pomme (1,5 sachet) • 250 g d'eau • 15 g de sirop de glucose

Mettre le sucre et la pectine dans le bol, puis mixer **5 sec/vitesse 5**. Ajouter l'eau et le sirop de glucose, puis chauffer **5 min/100 °C/vitesse 2**. Laisser tiédir à température ambiante avant d'utiliser selon les besoins.

## Glaçage au CHOCOLAT BLANC

2 feuilles de gélatine alimentaire et un récipient d'eau froide • 60 g de lait • 25 g de sirop de glucose • 150 g de chocolat blanc, en morceaux • 15 g d'eau

Mettre les feuilles de gélatine à ramollir dans de l'eau froide. Mettre le lait, le sirop de glucose, le chocolat blanc et l'eau dans le bol, puis faire fondre **5 min/70 °C/vitesse 1**. Ajouter la gélatine soigneusement égouttée et mélanger **10 sec/vitesse 3**. Laisser tiédir avant utilisation. S'il est complètement froid au moment de l'utiliser, le réchauffer doucement au bain-marie ou au micro-ondes en veillant à ce que sa température ne dépasse pas 40 °C.

## Glaçage à la GLACE ROYALE

150 g de sucre en poudre • 15 g de fécule de maïs • 30 g de blanc d'œuf • 5 g de jus de citron

Mettre le sucre et la fécule de maïs dans le bol, puis mixer **15 sec/vitesse 10**. Racler les parois du bol à l'aide de la spatule. **Insérer le fouet**. Ajouter le blanc d'œuf et le jus de citron, puis fouetter **40 sec/vitesse 3**. Utiliser selon les besoins.

# 6 DÉCO
*trucs et astuces*

## FRUITS SÉCHÉS
Coupez de fines tranches de citron et d'orange. Répartissez-les sur une plaque de four tapissée de papier cuisson et faites-les sécher dans un four à 70 °C pendant 4-5 h.

## CHIPS DE FRUITS
Coupez des tranches de pomme et de poire. Disposez-les sur une plaque de four tapissée de papier cuisson et saupoudrez-les de sucre glace. Faites-les sécher dans un four à 80 °C pendant 1 h.

## FEUILLES ET PÉTALES CRISTALLISÉS
Détachez des pétales de rose de leur tige. Trempez-les dans du blanc d'œuf légèrement battu. Égouttez-les et trempez-les dans du sucre cristal. Faites de même avec des feuilles de menthe. Laissez-les ensuite sécher plusieurs heures à l'air libre.

## Pistaches caramelisées

Une solution rapide et qui fait son effet ! Mélangez des pistaches avec du sucre glace et une pointe d'eau. Mettez-les sur une plaque de four, puis enfournez et cuisez-les 10-15 min à 160 °C. Utilisez pour décorer gâteaux, cakes...

## Carrés nougatine au sésame

Mettez 100 g de sucre et le jus d'un 1/2 citron jaune dans une casserole à fond épais, puis cuire à feu doux jusqu'à ce que le sucre fonde et devienne caramel en prenant une belle couleur brune. Ajoutez d'un coup les graines de sésame et mélangez. Transvasez sur une feuille de papier cuisson et couvrez immédiatement d'une deuxième feuille. Étalez au rouleau sur une épaisseur de 3 mm. Détaillez les morceaux à l'aide d'un couteau bien aiguisé.

## Amandes et noisettes caramélisées

Plantez des cure-dents dans des noisettes et des amandes. Réalisez un caramel blond avec 100 g de sucre et 5 cl d'eau. À la fin de la cuisson, trempez le fond de la casserole dans de l'eau froide pour arrêter la cuisson du caramel. Trempez ensuite les amandes et noisettes dans le caramel, puis piquez les cure-dents sur un polystyrène. Laissez le caramel durcir.

# BISCUIT ROULÉ À LA FRAISE

Temps total : **1 h 25 min** - Préparation : **20 min** - Thermomix : **10 min**

Valeurs nutritionnelles pour 1 part : valeur énergétique 1223 kJ et 292 kcal - Protides 6 g - Glucides 42 g - Lipides 11 g

### Pour 8 parts

**La pâte à cigarette**
- 80 g de beurre, coupé en morceaux
- 30 g de sucre glace maison
- 1 blanc d'œuf
- 30 g de farine de blé
- 1 pointe de couteau de colorant alimentaire rouge

**Le biscuit roulé**
- 4 œufs
- 100 g de sucre en poudre
- 120 g de farine de blé
- 1 pincée de sel
- 1 c. à café de levure chimique (½ sachet)
- 150 g de confiture de fraises

**Ustensile(s) :** plaque à pâtisserie, papier cuisson, poche à douille unie, spatule coudée, torchon

### La pâte à cigarette

**1.** Mettre le beurre dans le bol et faire fondre **5 min/70 °C/vitesse 1**. Pendant ce temps, tapisser une plaque à pâtisserie de papier cuisson et réserver.

**2.** Ajouter le sucre glace, le blanc d'œuf, la farine et le colorant alimentaire, puis mélanger **30 sec/vitesse 4**. Transvaser la pâte dans un récipient et réserver au réfrigérateur pendant 10 minutes environ. Transvaser ensuite la pâte dans une poche à douille unie, pocher des pois de différentes tailles sur la plaque préparée en veillant à les espacer suffisamment. Réserver 30 minutes au congélateur.

### Le biscuit roulé

**3.** Préchauffer le four à 180 °C (Th. 6).

**4. Insérer le fouet.** Mettre les œufs et le sucre dans le bol, puis fouetter **6 min/vitesse 4**.

**5.** Ajouter la farine, le sel et la levure chimique autour du fouet, puis mélanger **4 sec/vitesse 3**. **Retirer le fouet** et remuer délicatement à l'aide de la spatule. Transvaser la pâte sur la plaque en recouvrant les pois rouges, l'étaler délicatement à l'aide d'une spatule coudée, puis enfourner et cuire 15 minutes à 180 °C. À la sortie du four, retourner le gâteau une première fois sur une plaque ou un torchon de manière à ce que les pois soient dessus. Retourner ensuite le biscuit une seconde fois sur un torchon humide de façon à ce que les pois soient à nouveau dessous. Rouler le biscuit sur sa longueur et laisser refroidir avant de dérouler délicatement. Garnir le biscuit de confiture de fraises, le rouler à nouveau, en couper les entames. Servir en tranches.

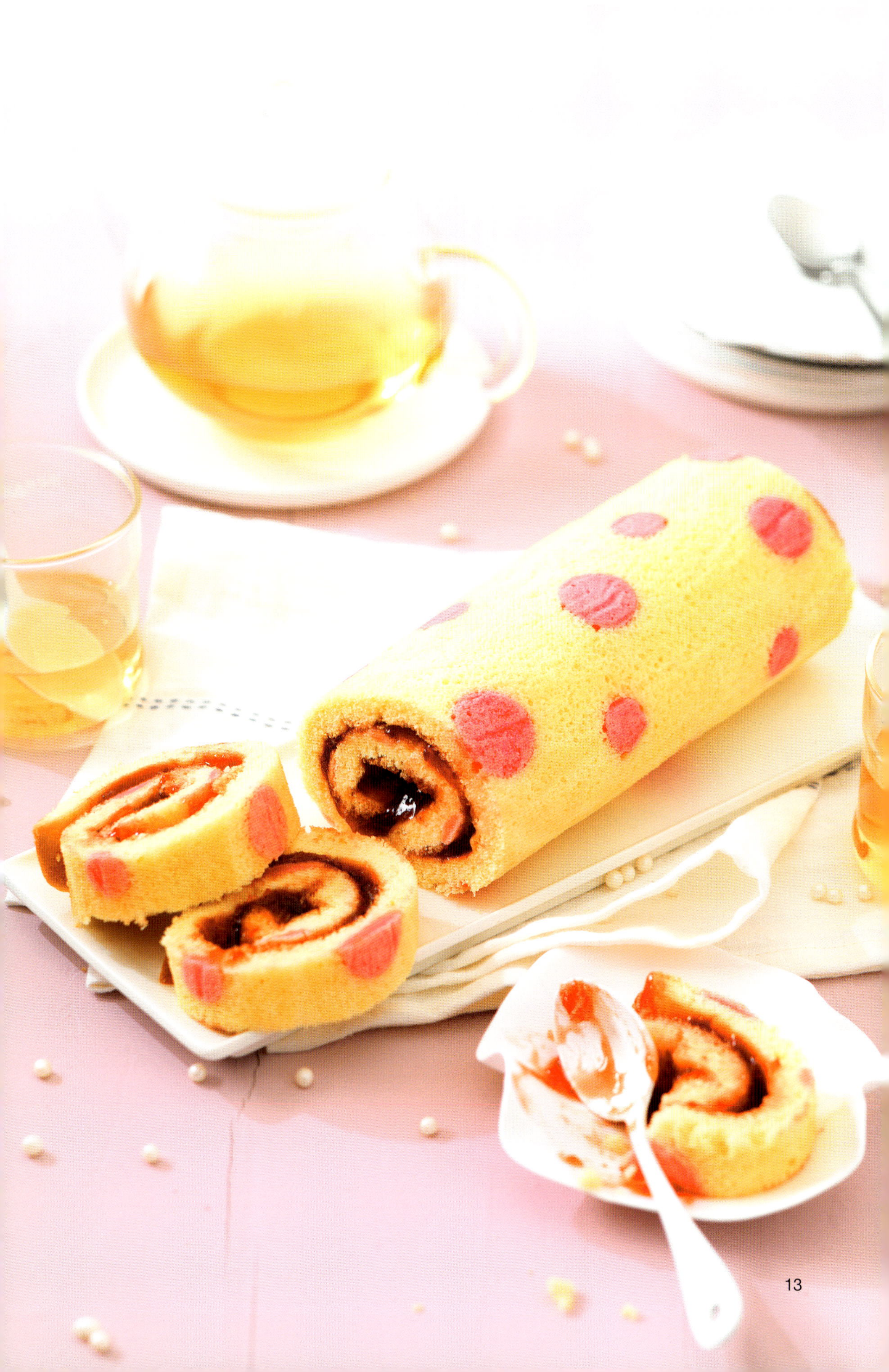

## Biscuit roulé à la fraise

## EN 4 ÉTAPES

1. Pochez des pois de différentes tailles sur une plaque tapissée de papier cuisson.

2. Versez la pâte sur les pois de couleur.

3. Étalez délicatement la pâte à biscuit à l'aide d'une spatule coudée.

# Les Crèmes...

## Crème mousseline à la pistache

100 g de pistaches, décortiquées et non salées • 30 g de sucre en poudre • 125 g de beurre, en morceaux • 250 g de crème pâtissière maison

Mettre les pistaches et le sucre dans le bol, puis mixer **10 sec/vitesse 10**. Racler les parois du bol à l'aide de la spatule. Ajouter le beurre et mixer **10 sec/vitesse 5**. **Insérer le fouet**. Fouetter **2 min/vitesse 3**, en ajoutant petit à petit la crème pâtissière par l'orifice du couvercle sur le fouet en marche.

## Ganache montée au citron

2 feuilles de gélatine alimentaire • 500 g de crème liquide 35 % m.g. • 1 citron jaune non traité, zeste râpé et jus (60 g env.) • 180 g de chocolat blanc, en morceaux

**La veille**. Mettre 2 feuilles de gélatine à ramollir dans de l'eau froide. Mettre la crème, le jus et le zeste râpé du citron dans le bol, puis chauffer **5 min/90 °C/vitesse 2**. Ajouter la gélatine égouttée et le chocolat blanc, puis mélanger **40 sec/vitesse 4**. Laisser 1 nuit au réfrigérateur.

**Le jour même**. **Insérer le fouet**. Mettre la ganache dans le bol et fouetter **1-2 min/vitesse 3**, jusqu'à l'obtention d'une crème montée.

## Crème Chiboust

2 feuilles de gélatine alimentaire • 200 g de crème pâtissière maison • 200 g de meringue italienne

Mettre 2 feuilles de gélatine à ramollir dans de l'eau froide. Mettre 50 g de crème pâtissière dans le bol et chauffer **3 min/50 °C/vitesse 2**. Ajouter la gélatine égouttée et mélanger **20 sec/vitesse 3**. **Insérer le fouet**. Ajouter les 150 g de crème pâtissière restants et mélanger **20 sec/vitesse 3**. Ajouter la meringue italienne et mélanger **5 sec/vitesse 2**. Finir de mélanger à la spatule.

# GÂTEAU CHOCOLAT-ORANGE

Temps total : **2 h** - Préparation : **20 min** - Thermomix : **25 min**

Valeurs nutritionnelles pour 1 part : valeur énergétique 2231 kJ et 684 kcal - Protides 10 g - Glucides 57 g - Lipides 27 g

### Pour 8 parts

**Le glaçage noir**
- 2 feuilles de gélatine alimentaire (1,9 g/feuille) et un récipient d'eau froide
- 90 g d'eau
- 110 g de sucre en poudre
- 60 g de crème liquide 35 % m.g.
- 35 g de cacao en poudre non sucré

**La génoise au chocolat**
- beurre, pour le moule
- 90 g de farine de blé, et un peu pour le moule
- 4 œufs
- 100 g de sucre en poudre
- 1 pincée de sel
- 30 g de cacao en poudre non sucré

**La ganache au chocolat**
- 200 g de crème liquide 35 % m.g., très froide
- 300 g de chocolat noir, détaillé en morceaux
- 50 g de jus d'orange fraîchement pressé

**Le montage**
- orange confite, coupée en rondelles fines
- copeaux de chocolat

**Ustensile(s) :** moule à manqué (Ø 20 cm), couteau à pain, plateau, papier cuisson, grille à pâtisserie

### Le glaçage noir

**1.** Mettre les feuilles de gélatine à ramollir dans un récipient d'eau froide.

**2.** Mettre l'eau, le sucre en poudre et la crème liquide dans le bol, puis cuire **11 min/120 °C/vitesse 2**, sans le gobelet doseur.

**3.** Ajouter la gélatine soigneusement égouttée et le cacao en poudre, puis mélanger **40 sec/vitesse 3**. Transvaser dans un récipient et réserver au réfrigérateur. Nettoyer le bol.

### La génoise au chocolat

**4.** Préchauffer le four à 180 °C (Th. 6). Beurrer et fariner un moule à manqué (Ø 20 cm), puis réserver.

**5. Insérer le fouet.** Mettre les œufs et le sucre dans le bol, puis fouetter **6 min/vitesse 4**.

**6.** Ajouter la farine, le sel et le cacao en poudre autour du fouet, puis mélanger **4 sec/vitesse 3**. **Retirer le fouet** et finir de mélanger délicatement à l'aide de la spatule. Transvaser la préparation dans le moule préparé. Enfourner et cuire 20 minutes à 180 °C. Nettoyer le bol.

Suite page suivante ▶

17

**La ganache au chocolat**

**7. Insérer le fouet**. Mettre la crème liquide dans le bol, puis fouetter **1-2 min/vitesse 3**, ou jusqu'à l'obtention d'une crème fouettée. **Retirer le fouet**. Transvaser dans un récipient et réserver.

**8.** Mettre le chocolat dans le bol et faire fondre **5 min/55 °C/vitesse 1**.

**9.** Ajouter le jus d'orange et mélanger **20 sec/vitesse 3**. Transvaser le chocolat fondu à l'orange avec la crème fouettée, puis mélanger délicatement à l'aide de la spatule. Réserver.

**10.** À l'aide d'un couteau à pain, couper la génoise horizontalement en deux disques. Couvrir le premier disque de ganache au chocolat, puis poser dessus le deuxième disque. Masquer uniformément la surface et le pourtour de la génoise de ganache, transvaser le gâteau sur un plateau tapissé de papier cuisson, puis réserver au congélateur pendant 1 heure minimum.

**Le montage**

**11.** Réchauffer le glaçage au micro-ondes ou au bain-marie pendant quelques minutes de façon à ce qu'il soit bien fondu. Attention, le glaçage ne doit pas dépasser 50 °C pour ne pas faire fondre la ganache.

**12.** Sortir le gâteau du congélateur, le poser sur une grille à pâtisserie posée sur un récipient, puis napper généreusement le gâteau de glaçage noir en commençant par les bords. Décorer de rondelles d'orange confite et de copeaux de chocolat. Réserver au réfrigérateur jusqu'au moment de servir.

# Gâteau chocolat-orange

## EN 3 ÉTAPES

1. Versez le glaçage en commençant par les bords.

2. Versez ensuite le reste du glaçage au centre du gâteau.

3. Retirez délicatement l'excédent de glaçage à l'aide d'une spatule coudée.

# 3 DÉCO
## trucs et astuces
### EN CHOCOLAT

**Pastilles en chocolat**
Tempérez votre chocolat à 30°C. Étalez-le sur une feuille de rhodoïd et laissez-le légèrement cristalliser. Détaillez ensuite des pastilles de tailles différentes à l'aide d'emporte-pièces et laissez durcir complètement. Décollez-les délicatement du rhodoïd. Saupoudrez-les éventuellement de cacao en poudre ou ajoutez un morceau de feuille d'or au centre de chaque palet avant d'en garnir vos gâteaux.

**Copeaux en chocolat**
Tempérez votre chocolat à 31°C. Étalez-le finement sur une plaque retournée à l'aide d'une spatule coudée. Laissez-le cristalliser avant de racler la plaque avec la pointe d'un couteau souple pour obtenir des copeaux.

**Feuilles en chocolat**
À l'aide d'un pinceau de cuisine, badigeonnez les feuilles de votre choix de chocolat fondu et laissez figer sur une feuille de papier cuisson. Un résultat époustouflant et facile à réaliser !

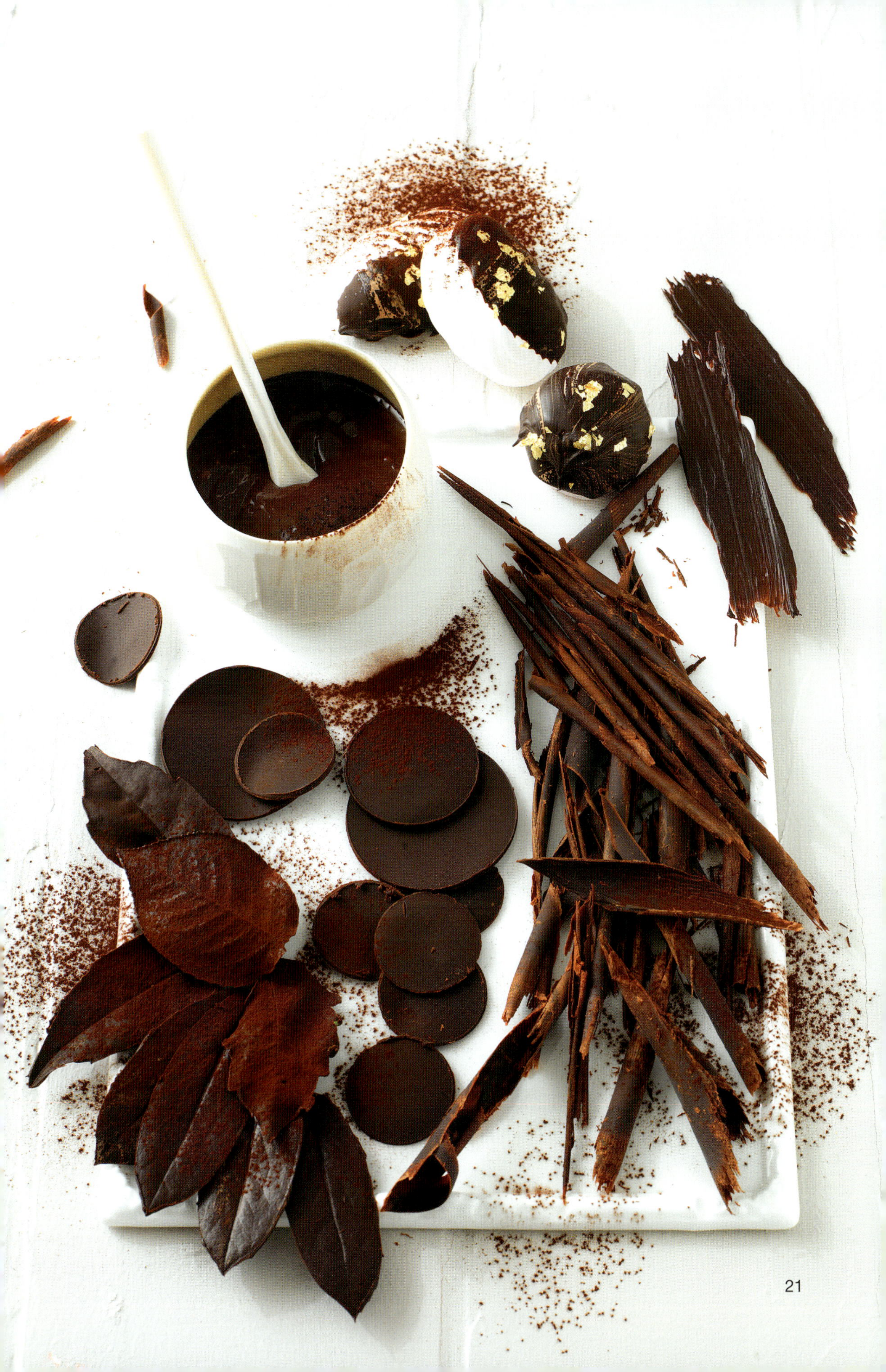

# GÂTEAU MANGUE-PASSION ET MERINGUES

Temps total : **4 h** - Préparation : **20 min** - Thermomix : **25 min**

Valeurs nutritionnelles pour 1 part : valeur énergétique 2928 kJ et 701 kcal - Protides 12 g - Glucides 72 g - Lipides 39 g

### Pour 8 parts

**Les meringues**
- 2 blancs d'œufs
- 200 g de sucre en poudre

**Le biscuit "pain de Gênes"**
- 125 g de beurre demi-sel, et un peu pour beurrer
- 150 g de sucre en poudre
- 100 g d'amandes en poudre
- 3 œufs
- 80 g de fécule de maïs
- 1 c. à café de levure chimique (½ sachet)

**Le crémeux mangue-Passion**
- 1 feuille de gélatine alimentaire (1,9 g) et un récipient d'eau froide.
- 100 g de jus de fruit de la Passion, fraîchement pressé
- 110 g de mangue mûre, coupée en morceaux
- 40 g de sucre en poudre
- 4 œufs
- 15 g de fécule de maïs
- 40 g de beurre doux, coupé en morceaux

**La finition**
- 150 g de crème liquide 35 % m.g., très froide
- 100 g de mascarpone
- 20 g de sucre glace maison
- 200 g de mangue mûre, coupée en lamelles

**Ustensile(s) :** 2 plaques à pâtisserie, papier cuisson, poche à douille unie (Ø 9 mm), plaque à pâtisserie, cadre à pâtisserie rectangulaire (15 x 25 cm env.), cercle à pâtisserie, poche à douille cannelée, chalumeau de cuisine

### Les meringues

**1.** Préchauffer le four à 100 °C (Th. 5). Tapisser deux plaques à pâtisserie de papier cuisson et réserver.

**2.** Poser un récipient sur le couvercle du bol et y peser 200 g de sucre, puis réserver. **Insérer le fouet**. Mettre les blancs d'œufs dans le bol et fouetter **5 min/vitesse 3.5**, sans le gobelet doseur. Au bout d'1 minute, verser le sucre en pluie petit à petit par l'orifice du couvercle sur le fouet en marche. **Retirer le fouet**. Transvaser la préparation dans une poche à douille unie (Ø 9 mm) et pocher des petites pointes de meringue (Ø 1 cm) sur les plaques préparées. Enfourner et cuire 2 heures à 100 °C. Nettoyer le bol et le fouet.

### Le biscuit "pain de Gênes"

**3.** À la fin du temps de cuisson des meringues, augmenter la température du four à 180 °C (Th. 6). Tapisser une plaque à pâtisserie de papier cuisson. Beurrer soigneusement l'intérieur d'un cadre à pâtisserie (15 x 25 cm env.), puis le poser sur la plaque préparée. Réserver.

**4.** Mettre le beurre et le sucre dans le bol, puis mixer **3 min/vitesse 4**.

**5.** Ajouter la poudre d'amande et les œufs, puis mixer **3 min/vitesse 5**. Racler les parois du bol à l'aide de la spatule.

**6.** Ajouter la fécule de maïs et la levure chimique, puis mélanger délicatement à l'aide de la spatule. Transvaser la pâte dans le cadre posé sur la plaque, puis enfourner et cuire 20-30 minutes à 180 °C.

**7.** Baisser la température du four à 150 °C (Th. 5) et poursuivre la cuisson 5-10 minutes. Sortir la plaque du four et faire glisser le papier cuisson et le gâteau sur un plan de travail afin de refroidir le biscuit. Laisser tiédir une dizaine de minutes, puis retourner le biscuit sur une plaque ou un plateau et retirer délicatement la feuille de papier cuisson. Laisser le biscuit refroidir complètement avant d'y découper un cœur à l'aide d'un cercle à pâtisserie en forme de cœur. Réserver le biscuit

Suite page suivante ▶

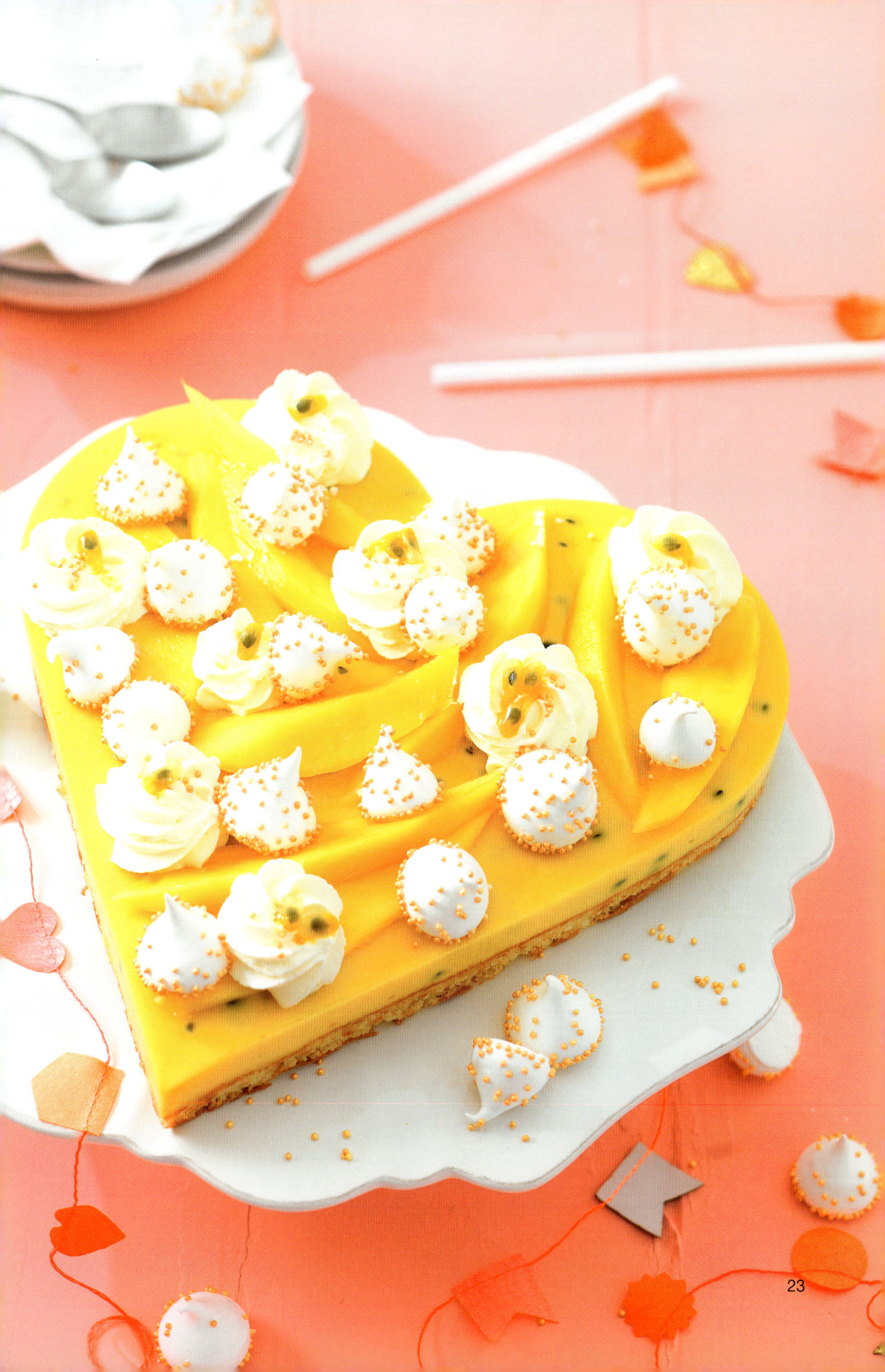

## Conseil(s)

*\* Les meringues ramollissant au contact du froid et n'aimant pas les séjours au réfrigérateur, n'en garnissez le gâteau qu'au dernier moment.*

dans le cercle en forme de cœur.

**Le crémeux mangue-Passion**

**8.** Mettre la feuille de gélatine à ramollir dans un récipient d'eau froide.

**9.** Mettre le jus de fruit de la Passion et 110 g de mangue dans le bol, puis mixer **30 sec/vitesse 6**.

**10.** Ajouter le sucre, les œufs et la fécule de maïs autour des couteaux, puis cuire **10 min/100 °C/vitesse 4**, sans le gobelet doseur.

**11.** Ajouter le beurre et la gélatine soigneusement égouttée, puis mélanger **10 sec/vitesse 4**. Transvaser sur le biscuit à l'intérieur du cadre, puis réserver au réfrigérateur jusqu'à complet refroidissement (1 heure env.). Nettoyer le bol.

**La finition**

**12.** Insérer le fouet. Mettre la crème liquide et le mascarpone dans le bol, puis fouetter **1 min/vitesse 3**, ou jusqu'à l'obtention d'une crème fouettée.

**13.** Ajouter le sucre glace et fouetter **20 sec/vitesse 3**. **Retirer le fouet**. Transvaser dans une poche à douille cannelée et réserver au réfrigérateur.

**14.** Poser le gâteau sur un plat de service, chauffer les bords du cadre à l'aide d'un chalumeau de cuisine, puis décercler délicatement. Au moment de servir, garnir harmonieusement de lamelles de mangue, de rosaces de chantilly et de petites meringues, puis servir sans tarder.

# Les Meringues...

## Meringue SUISSE

120 g de blancs d'œufs (4 œufs moyens)
120 g de sucre en poudre • 120 g de sucre glace maison

**Insérer le fouet**. Mettre les blancs d'œufs et le sucre dans le bol, puis fouetter **4 min/50 °C/vitesse 2**, sans le gobelet doseur. Fouetter à nouveau **5 min/vitesse 3.5**, sans le gobelet doseur pour refroidir la préparation. Transvaser dans un saladier et incorporer délicatement le sucre glace à la spatule. Utiliser selon les besoins.

## Meringue FRANÇAISE

120 g de blancs d'œufs (4 œufs moyens)
120 g de sucre en poudre • 120 g de sucre glace maison

**Insérer le fouet**. Mettre les blancs d'œufs dans le bol et fouetter **5 min/vitesse 3.5**, sans le gobelet doseur. Au bout d'1 minute, ajouter le sucre en poudre petit à petit par l'orifice du couvercle sur le fouet en marche. **Retirer le fouet**. Ajouter le sucre glace et mélanger délicatement à la spatule. Utiliser selon les besoins.

## Meringue ITALIENNE

120 g de blancs d'œufs (4 œufs moyens)
100 g d'eau • 240 g de sucre en poudre

**Insérer le fouet**. Mettre les blancs d'œufs dans le bol. Mettre l'eau et le sucre dans une casserole et chauffer sur feu vif en surveillant la température à l'aide d'un thermomètre à sucre. Quand cette dernière atteint 110 °C, fouetter **12 min/vitesse 3.5**, sans le gobelet doseur. Lorsque la température du sirop atteint 118 °C, le verser petit à petit par l'orifice du couvercle sur le fouet en marche. Utiliser selon les besoins.

# Paris-Brest revisité

Temps total : **3 h 15 min** - Préparation : **1 h** - Thermomix : **20 min**

Valeurs nutritionnelles pour 1 part : valeur énergétique 3296 kJ et 788 kcal - Protides 15 g - Glucides 81 g - Lipides 43 g

### Pour 10 parts

**La crème pralinée**
- 2 feuilles de gélatine alimentaire (1,9 g/feuille) et un récipient d'eau froide
- 250 g de lait
- 50 g de sucre en poudre
- 3 jaunes d'œufs
- 30 g de fécule de maïs
- 90 g de pralin
- 150 g de chocolat au praliné, détaillé en morceaux
- 250 g de crème liquide 30-40 % m.g., très froide

**Le craquelin**
- 100 g de farine de blé
- 70 g de beurre, coupé en morceaux
- 100 g de cassonade
- 1 c. à soupe d'eau

**La pâte à chou**
- 150 g d'eau
- 80 g de beurre, coupé en morceaux
- 1 pincée de sel
- 2 c. à café de sucre en poudre
- 120 g de farine de blé
- 3 œufs

**La dacquoise**
- 135 g d'amandes en poudre
- 150 g de sucre glace maison
- 30 g de farine de blé
- 5 blancs d'œufs
- 50 g de sucre en poudre
- 80 g de chocolat noir fondu
- 40 g de pralin

**Le montage**
- sucre glace maison, pour la décoration

### La crème pralinée

**1.** Mettre les feuilles de gélatine à ramollir dans un récipient d'eau froide.

**2.** Mettre le lait, le sucre, les jaunes d'œufs et la fécule de maïs dans le bol, puis cuire **8 min/100 °C/vitesse 4**.

**3.** Ajouter le pralin, le chocolat au praliné et la gélatine soigneusement égouttée, puis mélanger **30 sec/vitesse 4**. Transvaser la crème dans un récipient, filmer au contact et réserver au réfrigérateur jusqu'à complet refroidissement (1 heure env.). Nettoyer le bol.

**4.** Une fois refroidie, sortir la crème pralinée du réfrigérateur, puis la fouetter de façon à la lisser. **Insérer le fouet.** Mettre la crème liquide dans le bol, puis fouetter **1-2 min/vitesse 3**, ou jusqu'à obtention d'une crème fouettée. **Retirer le fouet.** Incorporer à la crème pralinée, puis transvaser dans une poche à douille cannelée et réserver au réfrigérateur.

### Le craquelin

**5.** Mettre la farine, le beurre, la cassonade et l'eau dans le bol, puis mélanger **15 sec/vitesse 6**. Transvaser la pâte sur une feuille de papier cuisson, couvrir d'une deuxième feuille et étaler au rouleau à pâtisserie sur une épaisseur de 4 mm environ. Faire glisser l'ensemble sur une plaque de four et réserver au congélateur.

### La pâte à chou

**6.** Mettre l'eau, le beurre, le sel et le sucre dans le bol, puis chauffer **5 min/100 °C/vitesse 1**.

**7.** Ajouter la farine et mélanger **20 sec/vitesse 4**. Retirer le bol de son socle et laisser refroidir 10 minutes.

**8.** Préchauffer le four à 200 °C (Th. 6-7). Tapisser une plaque de four de papier cuisson et réserver.

**9.** Remettre le bol sur son socle et mélanger **30 sec/vitesse 5**, puis ajouter les œufs un par un par l'orifice du couvercle sur les couteaux en marche.

**10.** Après avoir ajouté le dernier œuf, mélanger de nouveau **30 sec/vitesse 5**.

Suite page suivante ▶

27

**Ustensile(s) :** film alimentaire, fouet manuel, poche à douille cannelée, papier cuisson, plaque de four, rouleau à pâtisserie, poche à douille, emporte-pièce, cadre à pâtisserie rectangulaire (30 x 26 cm), spatule coudée inox, grille à pâtisserie, pinceau de cuisine

### Conseil(s)

*Pour une crème pralinée bien lisse, mettez-la dans le bol et mélangez **30 sec/vitesse 5** avant de la transvaser dans un récipient et d'y incorporer la crème fouettée.

**11.** Transvaser la pâte dans une poche à douille, puis pocher environ 20 petits choux (Ø 3,5 cm) sur la plaque préparée en les espaçant de 5 cm. À l'aide d'un emporte-pièce (Ø 3 cm env.), découper des disques de craquelin et les poser au fur et à mesure sur les choux. Enfourner et cuire 20 minutes à 200 °C. Sortir la plaque du four, transvaser les choux sur une grille à pâtisserie et laisser refroidir.

**La dacquoise**

**12.** Préchauffer le four à 170 °C (Th. 5-6). Tapisser une plaque de four de papier cuisson et y poser un cadre à pâtisserie rectangulaire (30 x 26 cm). Réserver.

**13.** Mettre la poudre d'amande, le sucre glace et la farine dans un récipient creux et réserver. **Insérer le fouet**. Mettre les blancs d'œufs dans le bol et fouetter **3 min/vitesse 3.5**, sans le gobelet doseur. Au bout d'1 minute, ajouter le sucre en pluie petit à petit par l'orifice du couvercle sur le fouet en marche. **Retirer le fouet**. Incorporer délicatement les blancs en neige à la spatule au mélange amande-sucre glace.

**14.** Transvaser la pâte sur la plaque préparée et l'étaler à l'aide d'une spatule coudée. Enfourner et cuire 15-20 minutes à 170 °C. À la sortie du four, laisser refroidir sur une grille à pâtisserie pendant 10 minutes, puis y détailler un carré (25 x 25 cm). À l'aide d'un pinceau de cuisine, étaler le chocolat fondu sur le carré, puis saupoudrer de pralin. Réserver.

**Le montage**

**15.** Couper les choux en deux horizontalement, les garnir de crème pralinée et les disposer au fur et à mesure sur la dacquoise en les collant avec une pointe de crème pralinée. Décorer éventuellement de pastilles en chocolat (voir page 20) et saupoudrer de sucre glace. Réserver au réfrigérateur ou servir sans tarder.

# Paris-Brest revisité

## EN ÉTAPES 4

1. Posez les craquelins sur les choux avant d'enfourner.

2. À la sortir du four, transvasez les choux sur une grille pour éviter qu'ils ne ramollissent.

3. Garnissez les choux froids et coupés en deux de crème pralinée.

4. Disposez les choux garnis sur la dacquoise en les collant avec une pointe de crème pralinée.

# CHEESECAKE ZEBRA

Temps total : 1 h 40 min ~ Préparation : 30 min ~ Thermomix : 10 min

Valeurs nutritionnelles pour 1 part : valeur énergétique 1644 kJ et 391 kcal - Protides 8 g - Glucides 30 g - Lipides 27 g

### Pour 8 parts

**Le biscuit**
- 60 g de beurre, coupé en morceaux
- 150 g de biscuits speculoos

**La crème au Philadelphia**
- 3 feuilles de gélatine alimentaire (1,9 g/feuille) et un récipient d'eau froide
- 30 g de jus de citron
- 80 g de sucre en poudre
- 600 g de fromage à tartiner, type Philadelphia
- 375 g de yaourt nature (3 yaourts)
- 1 c. à café de colorant alimentaire noir

**Ustensile(s) :** plateau, papier cuisson, cercle à pâtisserie (Ø 20-22 cm)

### Le biscuit

**1.** Mettre le beurre dans le bol et faire fondre **4 min/80 °C/vitesse** ⚙.

**2.** Ajouter les speculoos et mixer **20 sec/vitesse 4**. Tapisser un plateau d'une feuille de papier cuisson et y poser un cercle à pâtisserie (Ø 20-22 cm). Couvrir le fond du cercle d'une couche homogène de biscuits mixés et réserver au frais. Nettoyer le bol.

### La crème au Philadelphia

**3.** Mettre les feuilles de gélatine à ramollir dans un récipient d'eau froide.

**4.** Mettre le jus de citron et le sucre dans le bol, puis chauffer **4 min/100 °C/vitesse 2**.

**5.** Ajouter la gélatine soigneusement égouttée et mélanger **15 sec/vitesse 4**.

**6.** Ajouter le fromage à tartiner et le yaourt dans le bol, puis mélanger **15 sec/vitesse 5**. Transvaser un peu plus de la moitié dans un récipient et réserver.

**7.** Ajouter le colorant noir à la crème restant dans le bol et mélanger **30 sec/vitesse 6**. Transvaser dans un deuxième récipient et réserver.

**8.** Pour un effet zébré, garnir délicatement le cercle en partant du centre et en alternant 1 c. à soupe de crème nature et 1 c. à soupe de crème noire. Laisser la crème s'écouler entre chaque couche. Réserver ensuite au réfrigérateur pendant 1 heure. Démouler le cheesecake et le servir frais, éventuellement accompagné d'un coulis de fruits.

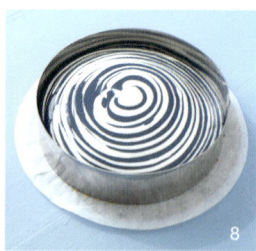

31

# Naked cake

Temps total : **1 h 10 min** ~ Préparation : **30 min** ~ Thermomix : **10 min**

Valeurs nutritionnelles pour 1 part : valeur énergétique 1505 kJ et 361 kcal - Protides 7 g - Glucides 31 g - Lipides 21 g

### Pour 24 parts

**La génoise**
- 30 g de beurre, pour le moule
- 360 g de farine de blé, et un peu pour le moule
- 12 œufs
- 300 g de sucre en poudre
- 2 c. à café de levure chimique (1 sachet)
- 2 pincées de sel

**La garniture et le montage**
- 80 g de sucre en poudre
- 600 g de crème liquide 35 % m.g., très froide
- 500 g de mascarpone
- 700 g de framboises fraîches
- fruits rouges variés frais, pour la finition
- fleurs comestibles, pour la finition

**Ustensile(s) :** moule à manqué (Ø 24 cm), moule à manqué (Ø 14 cm), couteau à pain

## La génoise

**1.** Préchauffer le four à 180 °C (Th. 6). Beurrer et fariner deux moules à manqué de tailles différentes (Ø 24 cm et Ø 14 cm), puis réserver.

**2. Insérer le fouet.** Mettre 6 œufs et 150 g de sucre dans le bol, puis fouetter **6 min/37 °C/vitesse 4**.

**3.** Ajouter 180 g de farine, 1 c. à café de levure chimique et 1 pincée de sel autour du fouet, puis mélanger **4 sec/vitesse 3**. **Retirer le fouet** et remuer délicatement à l'aide de la spatule. Transvaser dans le plus petit des moules en le remplissant aux 3/4, puis transvaser le reste dans l'autre moule.

**4.** Refaire une génoise à l'identique avec les 6 œufs, 150 g de sucre, 180 g de farine, la c. à café de levure chimique et la pincée de sel restantes. Transvaser la pâte dans le plus grand des moules de manière à le remplir. Enfourner les deux moules en même temps et cuire 20-25 minutes à 180 °C. À la sortie du four, attendre environ 10 minutes avant de démouler, puis laisser refroidir complètement.

## La garniture et le montage

**5.** Mettre le sucre dans le bol et mixer **10 sec/vitesse 10**. Transvaser le sucre glace dans un récipient et réserver.

**6. Insérer le fouet.** Mettre 300 g de crème liquide et 250 g de mascarpone dans le bol, puis fouetter **1-3 min/vitesse 3**, ou jusqu'à l'obtention d'une crème fouettée.

**7.** Ajouter 40 g de sucre glace et fouetter **20 sec/vitesse 3**. **Retirer le fouet**. Transvaser dans un récipient et réserver au frais.

**8.** Renouveler l'opération à l'identique avec les 300 g de crème liquide, 250 g de mascarpone et 40 g de sucre glace restants. Transvaser avec la crème fouettée déjà obtenue et réserver.

**9.** À l'aide d'un couteau à pain, couper le dessus bombé des deux génoises de manière à obtenir une surface plane pour chacune. Couper ensuite chaque génoise en trois dans l'épaisseur, de façon à obtenir 6 disques de génoise de tailles équivalentes.

**10.** Poser un grand disque sur un plat de service, le napper d'une couche de crème fouettée, le garnir de framboises fraîches, puis les couvrir légèrement de crème. Ajouter un disque de génoise et répéter l'opération jusqu'à épuisement des disques de génoise. Napper la surface du dernier disque de génoise avec le reste de crème fouettée. Réserver au réfrigérateur jusqu'au moment de servir. Décorer alors de fruits rouges et de fleurs fraîches et présenter.

# Naked Cake

## EN 7 ÉTAPES

1. Coupez chaque génoise en trois dans l'épaisseur.

2. Nappez un premier disque de crème fouettée à l'aide d'une cuillère.

3. Répartissez des framboises fraîches sur la crème et couvrez avec un peu de crème.

4. Ajoutez un disque de génoise et renouvelez l'opération jusqu'à épuisement de la génoise.

5. Peu avant de servir, décorez avec des fleurs et fruits frais.

6. 7. Pour éviter de piquer la tige des fleurs directement dans le biscuit, enveloppez-les de papier aluminium ou utilisez des pique-fleurs en plastique.

## L'histoire du
# NAKED CAKE

Ces dernières années, la pâtisserie créative avait le vent en poupe, mettant en avant des gâteaux à la décoration sophistiquée, avec par exemple la tendance du cake design et de ses décors d'exception en pâte à sucre. Depuis peu, une tendance venue des États-Unis revient cependant à des gâteaux à la finition plus épurée : les naked cakes, littéralement "gâteaux nus".

Ici pas de glaçage ou de décors raffinés, mais un simple gâteau à étages composé de génoises qui peuvent être de tailles différentes, généralement garnies de crème ou de mousse, et que l'on choisit de garder "nu" pour un bel effet naturel. Ici toutes les couches du gâteau restent visibles (génoises, mousses, fruits…) pour mettre l'accent sur les saveurs plutôt que sur la sophistication.

À condition de rester simple et naturelle, la décoration garde son importance pour accentuer l'élégance naturelle du gâteau : on privilégie des combinaisons de fleurs et de fruits frais de saison, aux couleurs harmonieuses. Les fleurs sont piquées à l'aide de pique-fleurs pour éviter le contact direct avec le gâteau et en garder la beauté.

À l'instar de la traditionnelle pièce montée, la multiplicité de ses couches et sa hauteur font du naked cake un gâteau idéal pour un mariage.

# Bavarois à la cerise

Temps total : **3 h 30 min** - Préparation : **15 min** - Thermomix : **15 min**

Valeurs nutritionnelles pour 1 part : valeur énergétique 1208 kJ et 359 kcal - Protides 4 g - Glucides 39 g - Lipides 19 g

### Pour 8 parts

**Le biscuit**
- 85 g de beurre, coupé en morceaux
- 130 g de biscuits au beurre, type petits-beurre

**La mousse à la cerise**
- 2 feuilles de gélatine alimentaire (1,9 g/feuille) et un récipient d'eau froide
- 550 g de cerises noires, dénoyautées
- 30 g de jus de citron
- 60 g de sucre en poudre
- 200 g de crème liquide 35 % m.g., très froide

**Le glaçage miroir**
- 3 feuilles de gélatine alimentaire (1,9 g/feuille) et un récipient d'eau froide
- 50 g d'eau
- 50 g de sucre en poudre
- 200 g de cerises noires, dénoyautées
- fruits frais variés

**Ustensile(s) :** plaque de four, papier cuisson, cercle à pâtisserie (Ø 20 cm), chalumeau de cuisine

### Le biscuit

**1.** Mettre le beurre dans le bol et faire fondre **5 min/65 °C/vitesse 1**. Pendant ce temps, tapisser une plaque de four de papier cuisson et y poser un cercle à pâtisserie (Ø 20 cm)

**2.** Ajouter les petits-beurre et mélanger **10 sec/vitesse 4**. Transvaser dans le cercle, puis, avec le dos d'une cuillère, égaliser la surface pour obtenir une couche homogène. Réserver au réfrigérateur.

### La mousse à la cerise

**3.** Mettre les feuilles de gélatine à ramollir dans un récipient d'eau froide.

**4.** Mettre 300 g de cerises et le jus de citron dans le bol, puis mixer **30 sec/vitesse 7**. Transvaser la purée de cerise dans un récipient et réserver.

**5.** Mettre 100 g de purée de cerise et le sucre dans le bol, puis chauffer **4 min/70 °C/vitesse 2**.

**6.** Ajouter la gélatine soigneusement égouttée et mélanger **10 sec/vitesse 4**. Racler les parois du bol à l'aide de la spatule.

**7.** Ajouter le reste de purée de cerise, puis mélanger **10 sec/vitesse 3**. Transvaser dans un récipient creux et réserver. Nettoyer et essuyer soigneusement le bol.

**8. Insérer le fouet.** Mettre la crème liquide dans le bol, puis fouetter **1-2 min/vitesse 3**, ou jusqu'à l'obtention d'une crème fouettée. **Retirer le fouet.** Incorporer celle-ci à la purée de cerise à l'aide de la spatule, puis transvaser la moitié de ce mélange dans le cercle préparé. Garnir de cerises, ajouter le reste de mousse à la cerise en veillant à laisser 5 mm de hauteur dans le moule pour le glaçage. Lisser à la spatule et réserver au congélateur, avec le cercle, jusqu'à prise complète (3-4 heures).

37

**Le glaçage miroir**

**9.** Une fois que le bavarois est congelé, mettre les feuilles de gélatine à ramollir dans un récipient d'eau froide.

**10.** Mettre l'eau et le sucre dans le bol, puis cuire **5 min/100 °C/vitesse 2**.

**11.** Ajouter la gélatine soigneusement égouttée et mélanger **10 sec/vitesse 4**.

**12.** Ajouter les cerises et mixer **30 sec/vitesse 5**. Laisser le glaçage tiédir avant de le verser dans le cercle, sur le bavarois congelé. Une fois que le glaçage est complètement pris, décercler délicatement à l'aide d'un chalumeau de cuisine, puis réserver au réfrigérateur jusqu'à décongélation complète (2 heures env.). Au moment de servir, décorer éventuellement de quelques fruits et déguster frais.

*Conseil(s)*

*∗Vous pouvez réaliser cette recette avec des cerises noires surgelées en prenant soin de les laisser décongeler avant utilisation.*

# Bavarois à la cerise

## En 4 étapes

1. Transvasez la moitié de la mousse à la cerise dans le cercle, sur le biscuit et égalisez à la cuillère.

2. Ajoutez les cerises et le reste de mousse.

3. Versez le glaçage tiédi dans le cercle, sur le bavarois congelé.

4. Une fois le glaçage complètement pris, décerclez délicatement à l'aide d'un chalumeau de cuisine.

# GÂTEAU GOURMAND AU CITRON VERT

Temps total : **1 h 05 min** - Préparation : **20 min** - Thermomix : **2 min**

Valeurs nutritionnelles pour 1 part : valeur énergétique 2229 kJ et 535 kcal - Protides 8 g - Glucides 48 g - Lipides 33 g

### Pour 8 parts

**Le gâteau au yaourt**
- 15 g d'huile neutre, pour le moule
- 150 g de sucre en poudre
- 3 œufs
- 200 g de farine de blé
- 1 c. à café de levure chimique (½ sachet)
- 125 g de yaourt nature (1 yaourt)
- 80 g d'huile de tournesol
- 1 pincée de sel

**La crème mascarpone au citron vert**
- 60 g de sucre en poudre
- 1 zeste de citron vert
- 250 g de mascarpone
- 150 g de crème liquide 30-40 % m.g., très froide

**Le montage et le décor en pâte à sucre**
- 150 g de pâte à sucre

**Ustensile(s)** : moule à manqué (Ø 22-24 cm), couteau à pain, rouleau à pâtisserie

### Le gâteau au yaourt

**1.** Préchauffer le four à 180 °C (Th. 6). Huiler un moule à manqué (Ø 22-24 cm) et réserver.

**2.** Mettre le sucre dans le bol et pulvériser **10 sec/vitesse 10**. Racler les parois du bol à l'aide de la spatule.

**3.** Ajouter les œufs, la farine, la levure chimique, le yaourt, l'huile de tournesol et le sel, puis mélanger **30 sec/vitesse 5**. Verser la préparation dans le moule préparé, enfourner et cuire 30 minutes à 180 °C. Laisser refroidir 10 minutes dans le moule avant de démouler sur un plat, puis laisser refroidir complètement avant de garnir.

### La crème mascarpone au citron vert

**4.** Mettre le sucre et le zeste de citron vert dans le bol, puis mixer **15 sec/vitesse 10**.

**5. Insérer le fouet**. Ajouter le mascarpone et la crème liquide, puis fouetter **1 min/vitesse 3**, ou jusqu'à l'obtention d'une crème fouettée. **Retirer le fouet**. Transvaser dans un récipient et réserver au réfrigérateur.

### Le montage et le décor en pâte à sucre

**6.** À l'aide d'un couteau à pain, couper le gâteau en deux horizontalement. Garnir un premier disque de crème au citron, puis couvrir avec le second disque. Réserver.

**7.** Étaler la pâte à sucre au rouleau à pâtisserie et en masquer intégralement le dessus et le pourtour du gâteau. Décorer selon vos envies avec des rosaces de crème ou de petits décors en pâte à sucre. Réserver au réfrigérateur jusqu'au moment de servir.

41

# 10 trucs et astuces DÉCO
## EN PÂTE À SUCRE

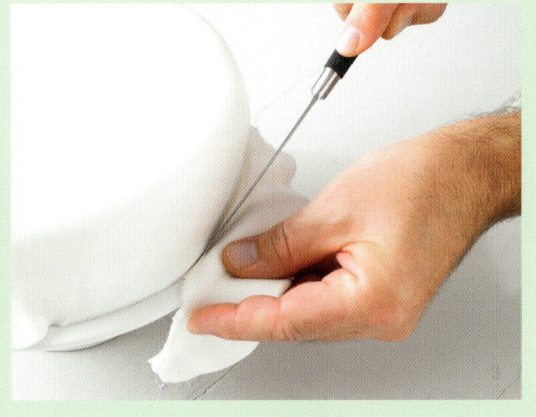

**Masquez un gâteau avec de la pâte à sucre**

1. Malaxez la pâte à sucre puis étalez-la au rouleau à pâtisserie.
2. Enroulez-la sur le rouleau et posez-la sur le gâteau bien froid.
3. Lissez rapidement la pâte à sucre à la main et coupez-en le surplus à l'aide d'un couteau bien aiguisé.

**Confectionnez des marguerites en pâte à sucre**

4. Détaillez des fleurs de tailles et de couleurs différentes à l'aide d'emporte-pièces cannelés.
5. Superposez petites et grandes formes et utilisez de petites perles de sucre pour former le cœur des fleurs.

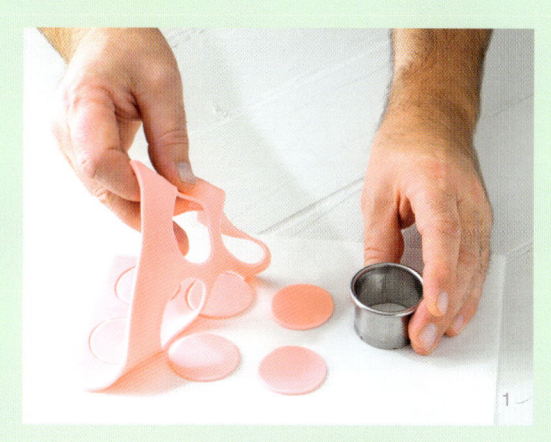

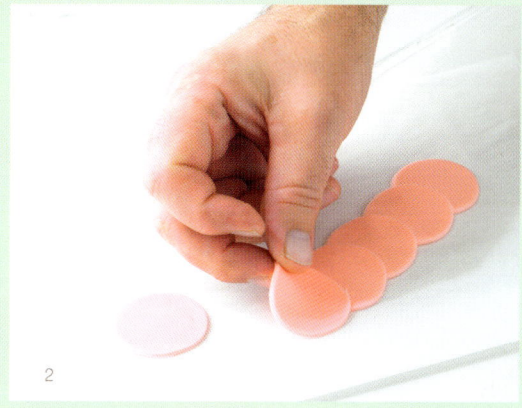

**Confectionnez des roses en pâte à sucre**

1. Étalez la pâte à sucre sur 1 mm d'épaisseur et détaillez-y 6 disques (Ø 3 cm).

2. Disposez-les en ligne en les faisant se chevaucher.

3. Roulez l'ensemble des disques.

4. 5. Pincez le rouleau en son centre de manière à obtenir 1 rose à chaque extrémité.

# 5 DÉCO
*trucs et astuces*

**LES MERINGUES**

↙ DOUILLE CANNELÉE

↙ DOUILLE FEUILLE

Douille unie

Douille cannelée

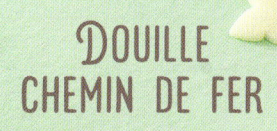

Douille chemin de fer

# Spécial ENFANTS

47

# MARE AUX COCHONS

Temps total : **2 h** - Préparation : **25 min** - Thermomix : **10 min**

Valeurs nutritionnelles pour 1 part : valeur énergétique 3671 kJ et 882 kcal - Protides 15 g - Glucides 72 g - Lipides 57 g

**Pour 10 parts**

Le gâteau au chocolat
* 140 g de beurre demi-sel, et un peu pour le moule
* 80 g de farine de blé, et un peu pour le moule
* 120 g de chocolat, détaillé en morceaux
* 2 œufs entiers
* 2 jaunes d'œufs
* 180 g de noisettes en poudre
* 150 g de cassonade
* 1 pincée de sel
* 1 c. à café de levure chimique (½ sachet)
* 6 blancs d'œufs

La ganache
* 200 g de crème liquide entière
* 200 g de chocolat noir, détaillé en morceaux
* 10 paquets de gaufrettes au chocolat, type KitKat®
* 150 g de pâte d'amande rose

**Ustensile(s) :** moule à manqué à charnière (Ø 20-22 cm)

### Le gâteau au chocolat

**1.** Préchauffer le four à 180 °C (Th. 6). Beurrer et fariner un moule à manqué (Ø 20-22 cm), puis réserver.

**2.** Mettre le chocolat dans le bol et râper **5 sec/vitesse 10**. Racler les parois du bol à l'aide de la spatule.

**3.** Ajouter le beurre et faire fondre **5 min/50 °C/vitesse 1**.

**4.** Ajouter les œufs entiers, les jaunes d'œufs, la poudre de noisette, la cassonade et le sel, puis mélanger **30 sec/vitesse 6**.

**5.** Ajouter la farine et la levure chimique, puis mélanger **30 sec/vitesse 4**. Transvaser la pâte dans un récipient et réserver. Laver le bol.

**6. Insérer le fouet.** Mettre les blancs d'œufs dans le bol et fouetter **2-3 min/vitesse 3.5**. **Retirer le fouet**. Incorporer délicatement les blancs fouettés à la préparation au chocolat et transvaser dans le moule préparé. Enfourner et cuire 25 minutes à 180 °C.
À la sortie du four, démouler et laisser refroidir complètement.

### La ganache

**7.** Mettre le crème liquide dans le bol et chauffer **4 min/80 °C/vitesse 1**.

**8.** Ajouter le chocolat. Attendre 30 secondes que le chocolat fonde, puis mélanger **30 sec/vitesse 3**. Laisser refroidir complètement.

**9.** Couper le gâteau en deux horizontalement et napper la base d'1/3 de la ganache. Poser l'autre moitié de gâteau dessus et masquer intégralement le gâteau avec le reste de ganache. Habiller le pourtour de gaufrettes au chocolat et maintenir le tout avec un ruban.

**10.** Confectionner des petits cochons avec de la pâte d'amande rose et les disposer dans le chocolat sur le dessus du gâteau. Réserver au frais jusqu'au moment de servir.

### Variante(s)

* Si vous ne trouvez pas de pâte d'amande rose, prenez de la pâte blanche et ajoutez-y du colorant alimentaire.

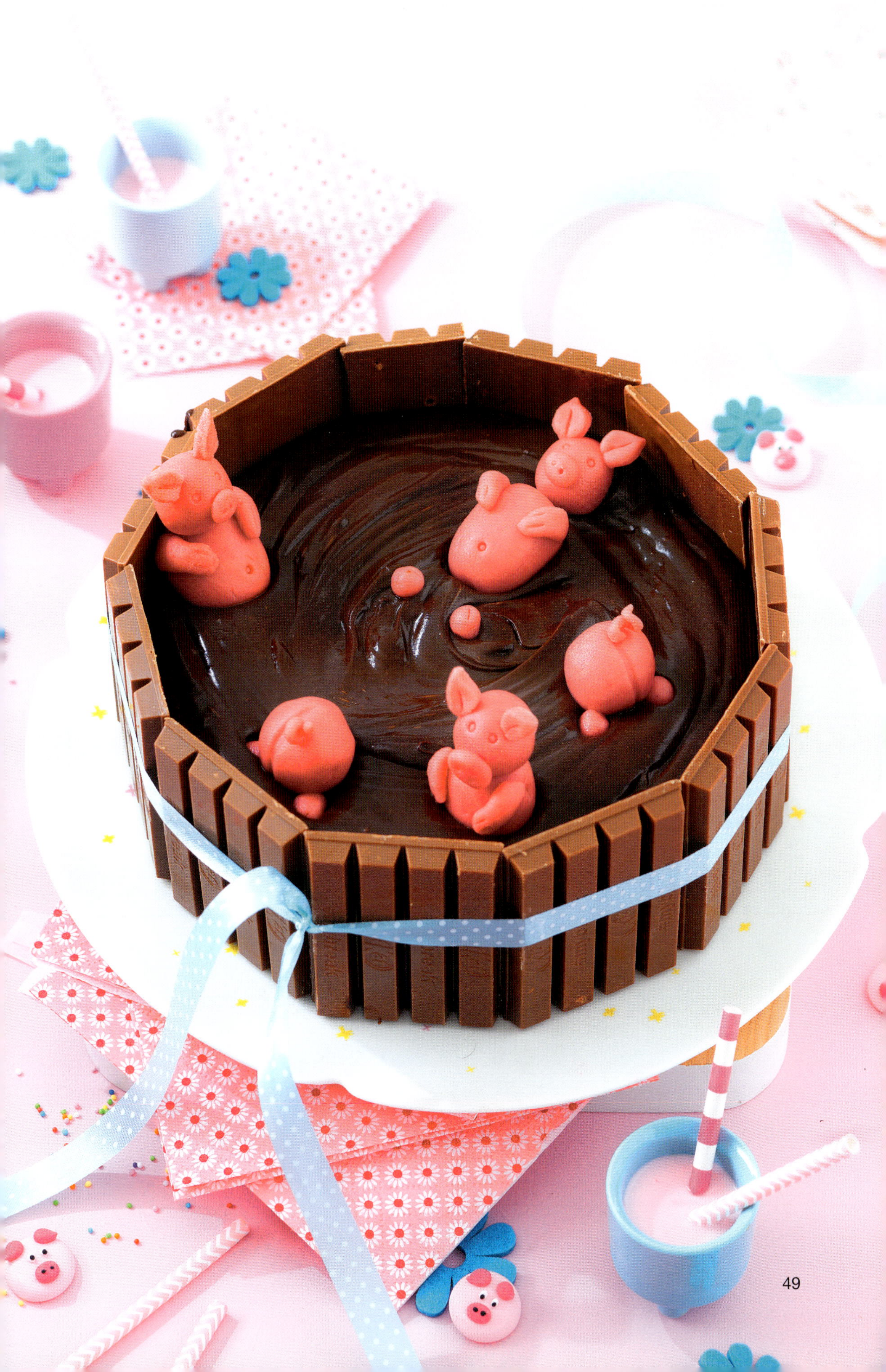

# 10 DÉCO
## trucs et astuces
### EN PÂTE D'AMANDE

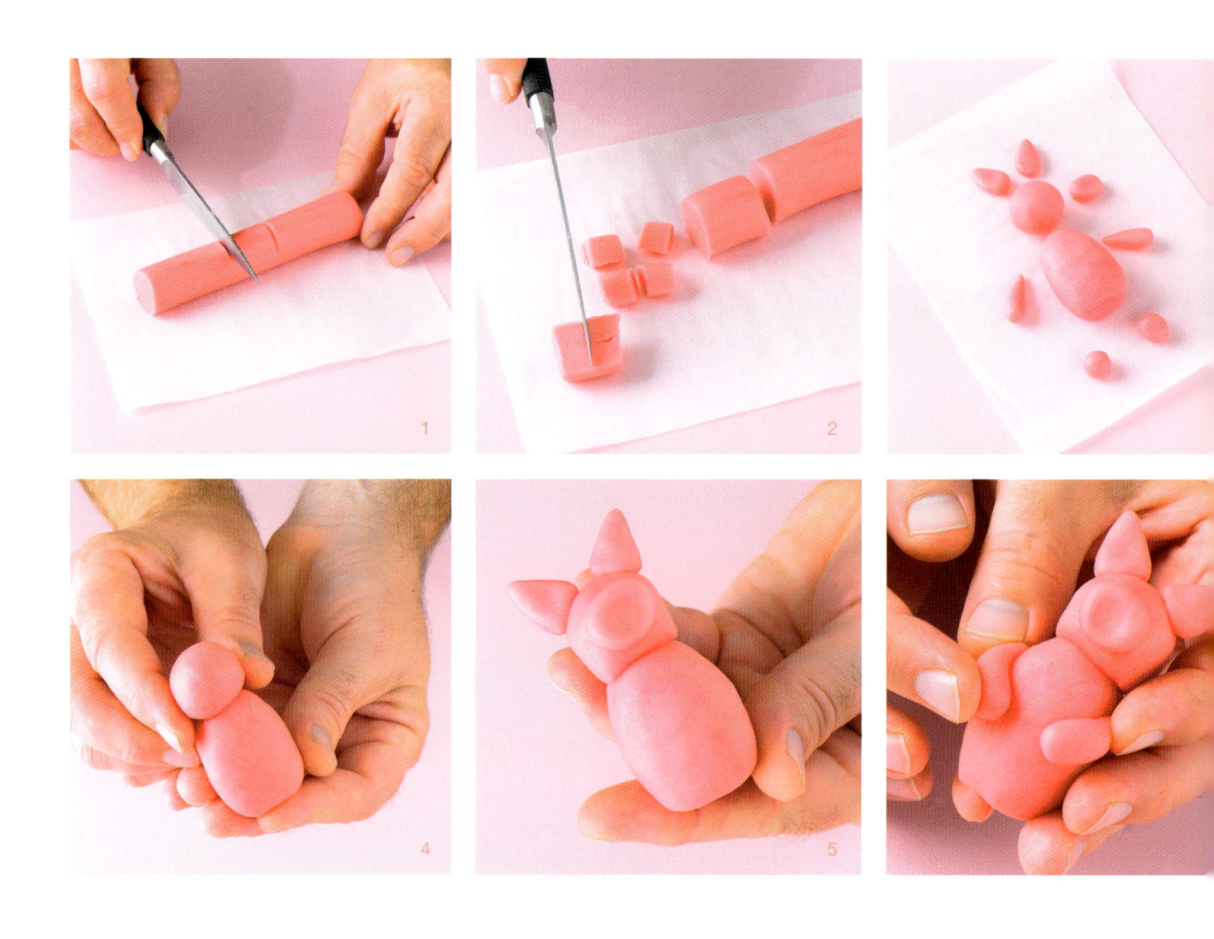

50

## Façonnez un petit cochon en pâte d'amande

1. Roulez la pâte d'amande en boudin.

2. Détaillez le boudin en tronçons.

3. Façonnez les différents tronçons de manière à obtenir 1 grosse boule pour le ventre, 1 plus petite pour la tête et 7 petites billes pour les oreilles, les pattes et le groin.

4. Assemblez la tête et le corps.

5. Ajoutez les oreilles et le groin.

6. Ajoutez les bras.

7. À l'aide d'un cure-dent, dessinez le détail des yeux, des oreilles, du groin et des sabots.

8. Posez le cochon debout ou allongé dans la mare de chocolat.

9. 10. À l'aide d'un cure-dents, dessinez une raie sur une grosse boule pour la croupe et 2 petites pour les sabots du cochon. Façonnez un petit boudin, roulez-le en tire-bouchon et collez-le sur sa croupe.

# RAINBOW CAKE

Temps total : 2 h 15 - Préparation : 30 min - Thermomix : 5 min

Valeurs nutritionnelles pour 1 part : valeur énergétique 4312 kJ et 1033 kcal - Protides 17 g - Glucides 93 g - Lipides 62 g

## Pour 12 parts

**Les biscuits**
- 375 g de beurre, et un peu pour les moules
- 750 g de farine de blé, et un peu pour les moules
- 375 g de sucre en poudre
- 11 œufs
- 4 c. à café de levure chimique (2 sachets)
- 470 g de lait
- ½ c. à café de vanille en poudre
- 5 pointes de couteau de colorant alimentaire en poudre, de couleurs différentes

**La crème au mascarpone**
- 400 g de crème liquide 35 % m.g., très froide
- 500 g de mascarpone
- ½ c. à café de vanille en poudre
- 70 g de sucre glace maison

**Ustensile(s) :** moule à manqué (Ø 22-24 cm), fouet manuel, cercle à pâtisserie (Ø 20 cm), couteau à pain, spatule coudée inox

### Les biscuits

**1.** Préchauffer le four à 180 °C (Th. 6). Beurrer et fariner un moule à manqué (Ø 22-24 cm), puis réserver.

**2.** Mettre le beurre, le sucre, les œufs, la farine, la levure chimique, le lait et la vanille en poudre dans le bol, puis mixer **45 sec/vitesse 6**. Répartir la pâte entre 5 récipients. Ajouter un colorant différent par récipient et mélanger à l'aide d'un fouet. Transvaser le contenu d'un récipient dans le moule préparé, puis enfourner et cuire 20-25 minutes à 180 °C.
À la sortie du four, démouler et laisser refroidir complètement avant utilisation. Répéter l'opération avec les 4 autres couleurs de pâte. Nettoyer le bol.

**3.** Une fois les 5 biscuits cuits et refroidis, détailler 1 disque dans chacun à l'aide d'un cercle à pâtisserie (Ø 20 cm).
À l'aide d'un couteau à pain, parer la surface de chacun des biscuits de façon à obtenir une belle surface plane. Réserver.

### La crème au mascarpone

**4. Insérer le fouet**. Mettre la crème liquide, le mascarpone et la vanille en poudre dans le bol, puis fouetter **2-3 min/vitesse 3** ou jusqu'à l'obtention d'une crème fouettée.

**5.** Ajouter le sucre glace et mélanger **20 sec/vitesse 3**. **Retirer le fouet**.

**6.** Poser un premier biscuit sur un plat de service et le napper d'une couche de crème au mascarpone. Poser un deuxième biscuit par-dessus et répéter l'opération jusqu'à épuisement des biscuits. À l'aide d'une spatule coudée, masquer uniformément l'intégralité du rainbow cake avec le reste de crème. Réserver au réfrigérateur ou servir aussitôt.

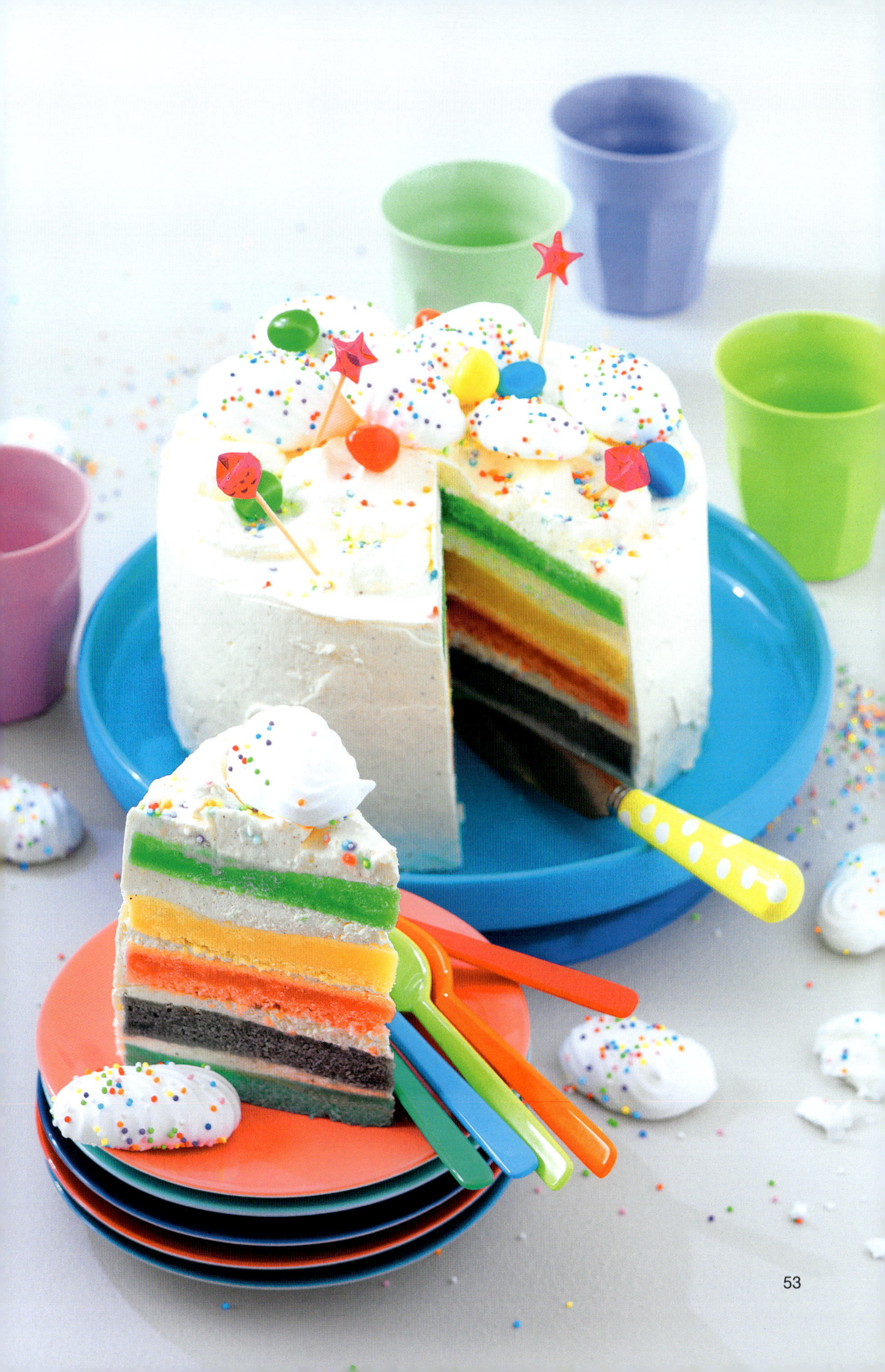

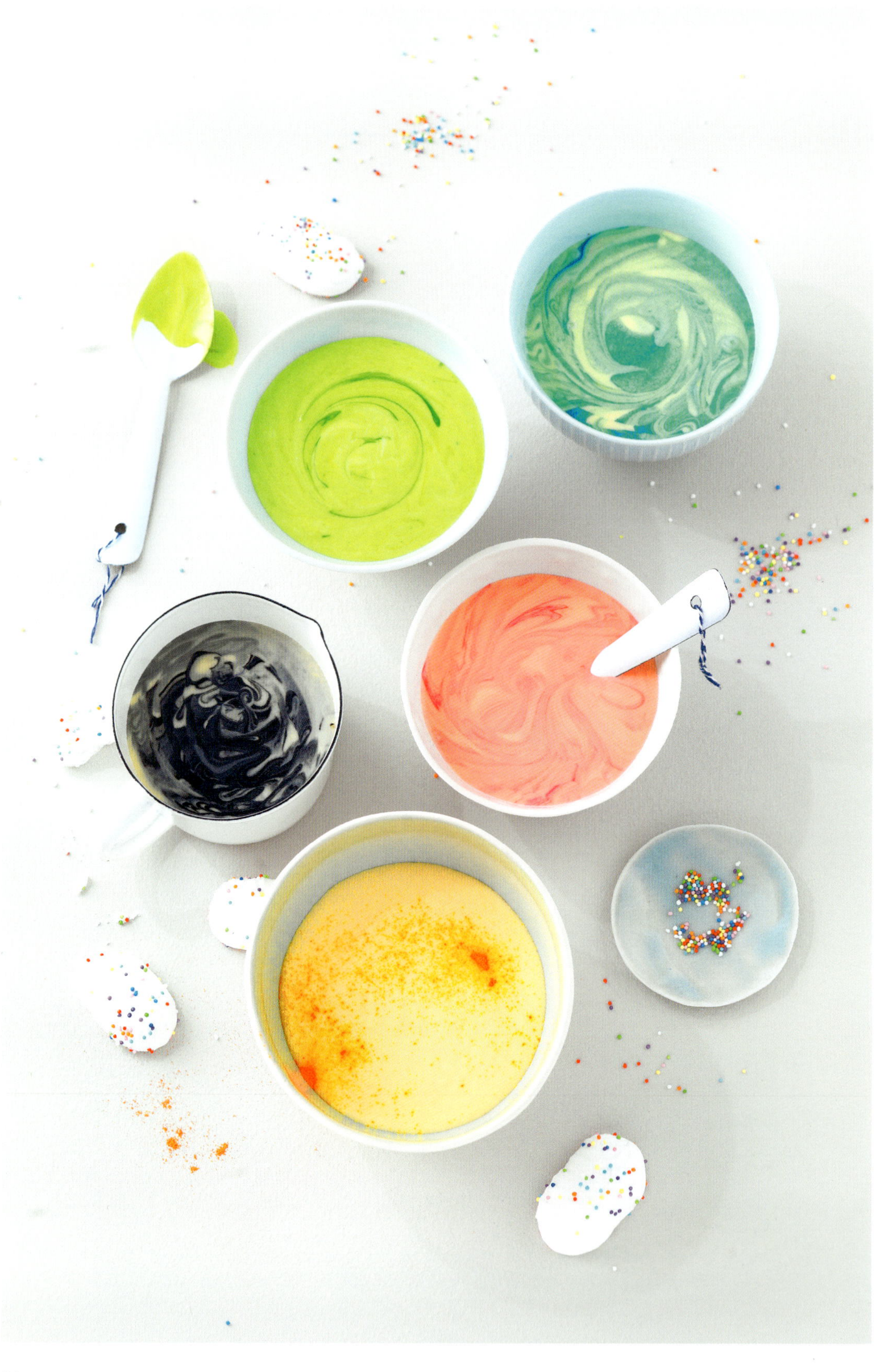

# Rainbow Cake

## EN 6 ÉTAPES

2. Étalez un peu de crème à l'aide d'une cuillère sur un premier biscuit.

3. Couvrez avec un deuxième disque de biscuit et renouvelez l'opération jusqu'à épuisement des biscuits.

4. Masquez entièrement le gâteau monté avec de la crème en commençant par le pourtour.

5. Décorez la surface en réalisant des petits dômes de crème à la cuillère.

6. Garnissez de petites meringues ou de confiseries.

# GÂTEAU MOUTON

Temps total : 1 h ~ Préparation : 15 min ~ Thermomix : 10 min

Valeurs nutritionnelles pour 1 part : valeur énergétique 2316 kJ et 555 kcal - Protides 10 g - Glucides 42 g - Lipides 37 g

**Pour 8 parts**

Le biscuit au chocolat
* 100 g de beurre, coupé en morceaux, et un peu pour le moule
* 50 g de farine de blé, et un peu pour le moule
* 200 g de chocolat noir, détaillé en morceaux
* 6 œufs
* 1 c. à café de levure chimique (½ sachet)
* 70 g de sucre en poudre

La crème et le montage
* 80 g de sucre en poudre
* 200 g de crème liquide 35 % m.g.
* 150 g de fromage à tartiner, type Philadelphia
* guimauves blanches et roses, type chamallows
* 60 g de chocolat fondu

**Ustensile(s) :** moule à manqué, papier cuisson

### Le biscuit au chocolat

**1.** Préchauffer le four à 180 °C (Th. 6). Beurrer et fariner un moule à manqué, puis réserver.

**2.** Mettre le chocolat et le beurre dans le bol, puis faire fondre **5 min/60 °C/vitesse**.

**3.** Ajouter les œufs, la farine, la levure chimique et le sucre, puis mélanger **25 sec/vitesse 6**. Transvaser le contenu du bol dans le moule préparé. Enfourner et cuire 25 minutes à 180 °C. Laisser tiédir une dizaine de minutes avant de démouler.

### La crème et le montage

**4.** Mettre le sucre dans le bol et mixer **10 sec/vitesse 10**. Racler les parois du bol à l'aide de la spatule.

**5. Insérer le fouet**. Ajouter la crème liquide et le fromage à tartiner, puis fouetter **1-3 min/vitesse 3**, ou jusqu'à obtention d'une crème fouettée. **Retirer le fouet**.

**6.** Poser le gâteau sur un plat de service et le masquer intégralement de crème. Lisser à l'aide d'une spatule. Former éventuellement de petits pics de crème sur le pourtour du gâteau pour simuler la laine du mouton.

**7.** Couper les guimauves blanches dans la hauteur, puis les disposer en demi-cercle sur la moitié supérieure du gâteau pour former la tête. Couper une guimauve rose dans la diagonale pour former les oreilles, puis disposer celles-ci de chaque côté de la tête du mouton. Poser une guimauve rose au centre pour former le nez. Pour finir, réaliser un cornet avec un triangle de papier cuisson enroulé sur lui-même et maintenu avec une bande adhésive. Remplir le cornet de chocolat fondu, puis en couper la pointe et dessiner les yeux et la bouche du mouton. Réserver au réfrigérateur jusqu'au moment de servir ou servir aussitôt.

57

# GÂTEAU POISSON

Temps total : **12 h** - Préparation : **15 min** - Thermomix : **10 min**

Valeurs nutritionnelles pour 1 part : valeur énergétique 2165 kJ et 519 kcal - Protides 7 g - Glucides 52 g - Lipides 31 g

**Pour 8 parts**

Le glaçage (la veille)
- 2 feuilles de gélatine alimentaire (1,9 g/feuille) et un récipient d'eau froide
- 50 g de lait
- 75 g de crème liquide 30-40 % m.g.
- 200 g de chocolat blanc, détaillé en morceaux

Le gâteau
- 170 g de beurre demi-sel mou, et un peu pour le moule
- 160 g de farine de blé, et un peu pour le moule
- 3 œufs
- 170 g de sucre en poudre
- 1 c. à café de levure chimique (½ sachet)
- 1 gousse de vanille, fendue en deux dans la longueur
- biscuits et confiseries variés (langues de chat, Smarties®...)

**Ustensile(s) :** moule à manqué à charnière (Ø 20-22 cm), grille à pâtisserie

### Le glaçage (la veille)

**1.** Mettre les feuilles de gélatine à ramollir dans un récipient d'eau froide.

**2.** Mettre le lait, la crème liquide et le chocolat blanc dans le bol, puis chauffer **5 min/70 °C/vitesse 2**.

**3.** Ajouter la gélatine soigneusement égouttée et mélanger **10 sec/vitesse 3**. Transvaser dans un récipient et réserver 1 nuit au réfrigérateur.

### Le gâteau

**4.** Préchauffer le four à 180 °C (Th. 6). Beurrer et fariner un moule à manqué (Ø 20-22 cm), puis réserver.

**5.** Mettre les œufs et le sucre dans le bol, puis mixer **1 min/vitesse 3**.

**6.** Ajouter le beurre, la farine, la levure chimique. Gratter la gousse de vanille avec la pointe d'un couteau, puis ajouter les graines de vanille au contenu du bol et mélanger **20 sec/vitesse 4**. Transvaser la pâte dans le moule préparé, puis enfourner et cuire 25-30 minutes à 180 °C en surveillant la cuisson. À la sortie du four, démouler sur une grille à pâtisserie et laisser refroidir avant de placer au frais.

**7.** Mettre le glaçage dans le bol et le tiédir **3 min/55 °C/vitesse 2.5**. Sortir le gâteau du réfrigérateur et le napper entièrement de glaçage. Laisser le chocolat figer entièrement. Couper la valeur d'une part et la placer à l'opposé de manière à faire la queue du poisson, puis décorer avec les biscuits et bonbons de votre choix. Servir sans tarder.

59

# GÂTEAU CHENILLE

Temps total : **1 h** - Préparation : **10 min** - Thermomix : **5 min**

Valeurs nutritionnelles pour 1 part : valeur énergétique 2134 kJ et 510 kcal - Protides 6 g - Glucides 67 g - Lipides 24 g

**Pour 8 parts**

- 200 g de beurre, coupé en morceaux, et un peu pour le moule
- 200 g de farine de blé, et un peu pour le moule
- 4 œufs
- 200 g de sucre en poudre
- 1 pincée de sel
- 1 c. à café de levure chimique (½ sachet)
- 50 g de pâte à sucre jaune
- 50 g de pâte à sucre verte
- 100 g de biscuits et confiseries variés (rouleaux de réglisse, Mikado, fraises Tagada®, Dragibus®, Smarties®…)

**Ustensile(s) :** moule à savarin, grille à pâtisserie, rouleau à pâtisserie

**1.** Préchauffer le four à 180 °C (Th. 6). Beurrer et fariner un moule à savarin, puis réserver.

**2.** Mettre les œufs, le sucre, le sel, le beurre, la farine et la levure chimique dans le bol, puis mélanger **40 sec/vitesse 6**. Verser la pâte dans le moule préparé, enfourner et cuire 30 minutes à 180 °C. À la fin de la cuisson, démouler le gâteau sur une grille à pâtisserie et laisser refroidir complètement.

**3.** Couper le gâteau en quatre tronçons de taille identique et les disposer les uns derrière les autres pour former une chenille.

**4.** Étaler les pâtes à sucre au rouleau et y découper par exemple 3 bandes vertes et 2 bandes jaunes. En appliquer 3 sur le corps de la chenille, puis 1 à chaque extrémité pour cacher les découpes et former la tête et la queue de la chenille. Décorer et fabriquer pattes, antennes et yeux en fonction de votre inspiration avec des biscuits et confiseries variés (rouleaux de réglisse, Mikado, fraises Tagada®, Dragibus®, Smarties®…). Servir sans tarder.

## Variante(s)

*Pour la décoration de ce gâteau, laissez parler votre imagination.

61

# Index ALPHABÉTIQUE

**Bavarois à la cerise** .............. **36**

**Biscuit roulé à la fraise** ........ **12**
Crème mousseline à la pistache ............. 15
Crème chiboust ...................................... 15
Ganache montée au citron ...................... 15

**Cake au citron** ........................ **8**
Glaçage au chocolat blanc........................ 9
Glaçage neutre ......................................... 9
Glaçage à la glace royale ......................... 9
Trucs et astuces - Décors ....................... 10

**Cheesecake zebra** ............... **30**

**Gâteau chenille**..................... **60**

**Gâteau chocolat-orange** ...... **16**
Trucs et astuces
Décors en chocolat ................................. 20

**Gâteau gourmand**................. **40**
**au citron vert**
Trucs et astuces
Décors en pâte à sucre ........................... 42
Meringues............................................... 44

**Gâteau mangue-Passion**...... **22**
**et meringues**
Meringue française................................. 25
Meringue suisse ..................................... 25
Meringue italienne.................................. 25

**Gâteau mouton** ..................... **56**

**Gâteau poisson**..................... **58**

**Mare aux cochons** ................ **48**
Trucs et astuces
Décors en pâte d'amande....................... 50

**Naked cake**............................ **32**

**Paris-Brest revisité**.............. **26**

**Rainbow cake**........................ **52**

**Tarte aux fruits**........................ **4**

# *Remerciements*

Invitez-les à votre anniversaire et demandez-leur d'apporter le dessert : vous ne serez pas déçu(e) !
Nos sincères remerciements à tous les testeurs qui, une fois encore, ont donné le meilleur d'eux-mêmes pour nous aider à réaliser cet ouvrage :
Isabelle Ravoux, Aurélie Rouault, Martial Gobereau, Christine Quillier, Camille Commandini, Marie-Anne Dupuy, Anne Belliard, Fanny Ferrah, Cynthia Verdon, Sylvain Speybrouck, Franck Letilly, Erwan Dabouis, Laure Forestier-Durand, Denise Merle, Anne Blavet.

Un grand merci aux magasins :
Peintures Ressource (Nantes)
Céramiste : Anouka (Monnières)
Serax pour Merci chez Label Maison (Rezé)
Le Petit Souk (Nantes)
Le gâteau sous la cerise (Nantes)

Direction éditoriale : Sophie HANON-JAURE
Coordination projet : Édith POUCHARD
Développement des recettes : Isabelle PHILION, Pauline BRUNET et Amédé VICET
Calcul des valeurs nutritionnelles : Géraldine MERCIER, nutritionniste et naturopathe
Création graphique et réalisation : PONCTUATION, Nantes, www.ponctuation.fr
Crédit photos culinaires et couverture : Benoit CABANES, Mixture
Stylisme des photos culinaires et rédaction des pages Trucs et astuces : Laurent VALLÉE, Mixture

Achevé d'imprimer en avril 2022
sur les presses de l'imprimerie environnementale Wauquier
Tél. 01 30 93 13 13
Imprimé avec des encres végétales

**PEFC** 10-32-3010 / Certifié PEFC / pefc-france.org

© Vorwerk International Strecker & Co.

Vorwerk France
Société en commandite simple
539 route de Saint-Joseph
CS 20811
44308 Nantes cedex 3
Tél. 02 518 547 47
www.thermomix.fr